\どろどろ〜ん/
オバケーヌの
えさがし
ブック

クラックス・監修

西東社

この本について

どろどろ〜んと姿をあらわす
オバケの仲間たち、それがオバケーヌ。
たくさんの仲間がいて、
それぞれに個性たっぷり!

今日もこっそり、あなたをおどろかせようと
ひそんでいるかも……!?

この本は、絵の中にこっそりひそんでいる
オバケーヌたちをさがし出す本だよ。

やさしい問題から
がんばらないとわからない問題まで
レベルもいろいろで、あそびごたえ満点!

ほんものさがしや
シルエットさがしもあるから、
すきな問題からはじめてみてね。

2ページ問題

1
16 オバケーヌの学校
個性ゆたかなクラスメイトばかりで、とってもにぎやか♪

2 さがしてね
アクマーヌ　ダルメシーヌ　ベルシャーヌ　チビニャンコーヌ　2

3

4 おまけ
とんでっちゃったラブレターを見つけてね

28　29

1 問題のレベル
☆が多いほどむずかしいよ

2 さがすオバケーヌたち
絵の中からこのコたちをさがし出してね

3 さがす数
数字が書いてあるときは
同じオバケーヌが絵の中に
何体もいるよ。
ぜんぶ見つけてね

4 おまけ
おまけ問題がときどきあるよ。
チャレンジしてみて！

1ページ問題

ほんもの さがし

みほんと同じオバケーヌをさがしてね。1ついるよ

みほん

オバケーヌ

12

1 問題のレベル
☆が多いほどむずかしいよ

2 問題文
なにをさがせばいいか
書いてあるよ

3 さがす数
いくつさがせばいいか
書いてあるよ

4 みほん
みほんとよーく見くらべて
さがそう

答え 問題の答えは
72～79ページでかくにんしてね

1 公園で あそぼう！

はれた日は公園であそぼう！ あれ、おひるねしているコもいるよ

リスーヌ　ヒョロリーヌ　ミケーヌ　ベアーヌ

2 ギンガム チェック

四角がいっぱい、ギンガムチェック。出たりかくれたり楽しいね

プリーヌ　　　ニャンコーヌ　　　ペンコーヌ　　　テンシーヌ

3 楽しい お花見♪

まんかいのさくらの下で、おべんとう広げてお花見だ！

4

★

ほんもの
さがし

みほん と同じオバケーヌをさがしてね。 1つ あるよ

5 シルエット さがし

★

みほん と同じシルエットを 1つ さがしてね

プリーヌ

みほん と同じ野菜が **2つずつ** あるよ。どこだろう？

| キャベツ | トマト | じゃがいも | きゅうり |

みほん

オニギリーヌ

みほん と同じハタをもつオニギリーヌはどこ？ 2つ あるよ

8 ★ たんじょう日 パーティー

たんじょう日は、1年でいちばんうれしい日！

タコマキーヌ

チェリーヌ

トラーヌ

ヨッパーヌ

ユニコーヌ

9 1月から 6月の ぎょうじ

お正月、バレンタインデー、ひなまつり……楽しいことだらけ！

10 ★ 7月から 12月の ぎょうじ

おまつり、お月見、クリスマス……思い出がいっぱいだね

ピヨコーヌ×3　オチビーヌ×4　スコティーヌ×2

星の形のリースを
見つけてね

みほん

アクマーヌ

みほん と同じポーズのアクマーヌをさがそう。 **1つ** あるよ

12 あるもの さがし

みほん と同じコはどこにいるかな?

みほん

ピヨコーヌ　　オデビーヌ　　アイスーヌ　　サメーヌ

13 組み合わせさがし

みほん

マルチーヌ　パンディーヌ

みほん と同じ組み合わせをさがしてね

14 かがみにうつった ほんものさがし

みほん のタコヤキーヌがかがみにうつったすがたは **あ** と **い** どっち?

タコヤキーヌ

15 すてきな 花ばたけ

いろんな花がさいているよ。みんなはどの花がすき？

ウシーヌ　ミケーヌ　ベアーヌ　シバーヌ

ちょうちょ **4**ひきは
どこかな？

16 ★★ オバケーヌの学校

個性ゆたかなクラスメイトばかりで、とってもにぎやか♪

さがしてね

アクマーヌ　　ダルメシーヌ　　ペルシャーヌ　　チビニャンコーヌ × 2

おまけ

とんでっちゃった
ラブレターを
見つけてね

29

17 夏休みの一日

★★

たたみでゴロゴロしてすごす夏休みって、さいこうだね

ゾンビーヌ

クモーヌ

チェリーヌ

スターヌ

おまけ

ハートの形の
ヒマワリはどこ？

31

18 シルエット さがし

テンシーヌ

みほん と同じシルエットを 1つ さがしてね

19 あるもの さがし
★★

みほん と同じ花がそれぞれ 4つずつ あるよ。さがしてね

みほん

20 ★★ ちがうもの さがし

みほん とちがうトロリーヌとシバーヌはどこかな？　ぜんぶで 5つ あるよ

トロリーヌ　　　　シバーヌ

21 組み合わせ さがし

★★

みほん

アクマーヌ　トラネコーヌ

みほん と同じ組み合わせをさがしてね

22 ほんもの さがし

オデビーヌ

みほん と同じものをもつオデビーヌはどこ？　1つ あるよ

23 キャラ ならべ
★★

ならび方にはきそくがあるよ。**みほん** のコが入るのは **あ〜え** のどこかな?

みほん

クモーヌ　　マカロンヌ　　メリーヌ　　ショクパーヌ

スタート

ウサギーヌ　　オウチーヌ　　ガオーヌ　　あ

トラーヌ　　チェリーヌ　　い　　ゴリリーヌ

う　　ミケーヌ　　え　　リスーヌ

ヒント：50音じゅんにならんでいるよ

雨の日も
うきうき

かわいいかさをさして、思いっきり楽しんじゃおう！

コアラーヌ　シバーヌ　ゾンビーヌ　テチーヌ×8　オチビーヌ×3

39

25 ゆうえんちに やってきた！

★★

わくわくするね。おばけやしき、思いきって入ってみる？

さがしてね

オニギリーヌ

スシーヌ

フェアリーヌ

シュナウヌ

おまけ

ミケーヌの
ぬいぐるみをもった
オチビーヌはどこ?

水色のふうせんを
見つけてね

26 ゆめの おかしの国

さがしてね

ショクパーヌ

ゆめいっぱいのおかしの国。さあ、どれから食べようかな♪

モンブラーヌ

ゼリーヌ

マカロンヌ

アイスーヌ

おまけ

いちごあじの
キャンディを
4つ見つけてね

43

27 多いもの さがし

この中でいちばん多いコはぜんぶで **いくつ** あるかな?

28 ほんもの さがし

みほん と同じ絵をさがしてね

みほん

天体かんそくするオバケーヌたち

29 かがみにうつった ほんものさがし

★★

みほん のウシーヌが
かがみにうつったすがたは
あ〜え のどれかな?

みほん

ウシーヌ

あ

い

う

え

30 シルエット さがし

★★

みほん と同じシルエットを 1 つ さがしてね

ワンコーヌ

47

31 ごちそうだらけ！

★★

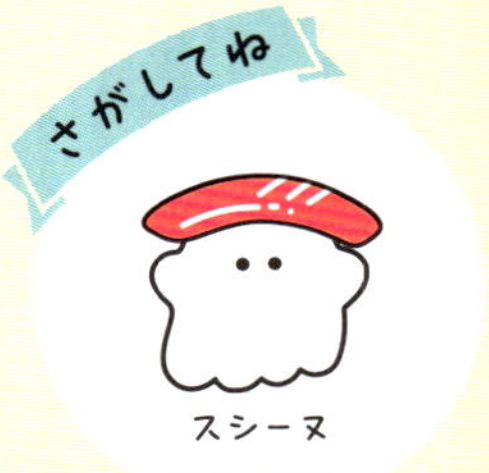

見てるとおなかがすいちゃうね。なにがいちばん食べたい？

エビフリャーヌ

オムーヌ

タコヤキーヌ

いくらのおすしを
見つけてね

ハートのたまごは
どこ？

32 名画 かんしょう

★★

びじゅつかんでアートにふれよう！ みほん **1** 〜 **3** が入るのは あ〜う のどこ？

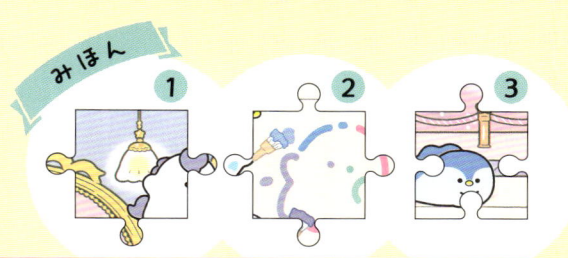

33 ★★★ 秋の楽しみ

スポーツの秋、げいじゅつの秋、そしてしょくよくの秋！

チビニャンコーヌ　シュナウヌ　クリオーヌ　ガオーヌ

34 ほんもの さがし

★★★

みほん と同じ絵をさがしてね

みほん

こわがるゾンビーヌ

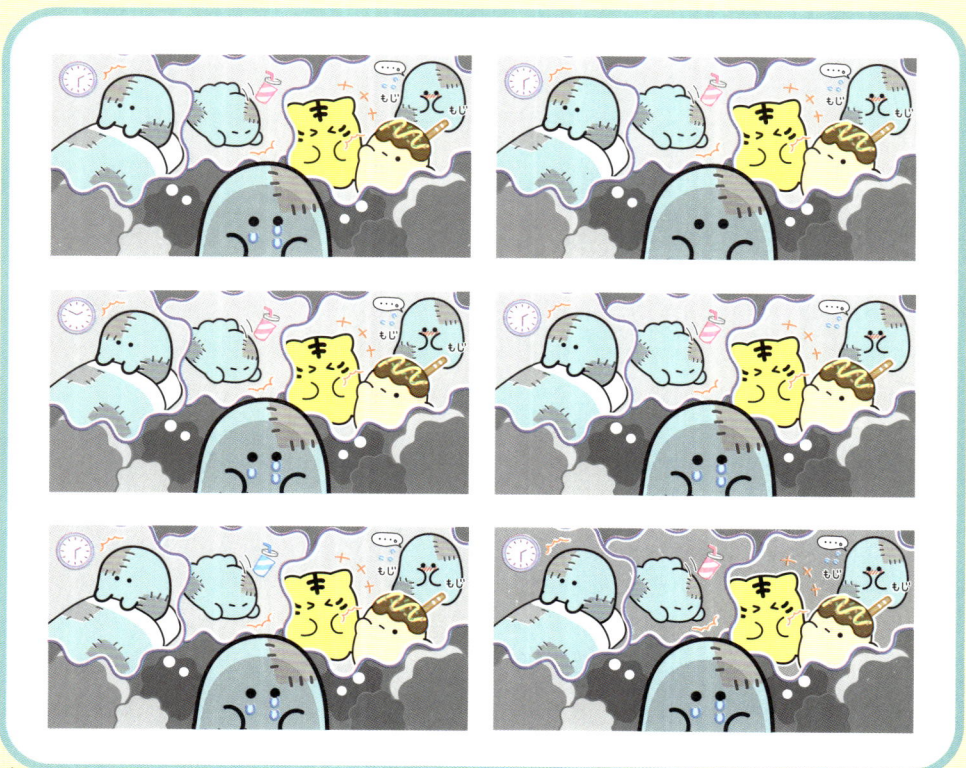

35 ★★★ 組み合わせ さがし

モンブラーヌ　メカーヌ　ユニコーヌ

みほん と同じ組み合わせをさがしてね

55

36 ★★★ ないもの さがし

下の絵の中には、**みほん** にない木や草が 10コ あるよ。ぜんぶさがしてね

みほん

37 ★★★ キャラ ならべ

50音じゅんにならんでいるよ。まちがっているところを 3かしょ さがしてね

スタート

アナゴーヌたち → アクマーヌ → イルカーヌ → ウサギーヌ

カメーヌ ← クリオーヌ ← オバケーヌ ← オチビーヌ ← エビフリャーヌ

スコティーヌ → スシーヌ → ゾンビーヌ → ダルメシーヌ

フェアリーヌ ← パンディーヌ ← トラネコーヌ ← テチーヌ

プリーヌ → ラッコーヌ → ヨツバーヌ

ヒント：
2番目の文字にも
ちゅういしてね

スーパーで
お買いもの

カートをおしてお買いもの。買いわすれがないようにね

さがしてね

テチーヌ ×5　　オチビーヌ ×4

おまけ

ニンジンジュースを
3つ見つけてね

半額シールが
はってあるパンはどこ?

ふわふわ走る未来のくるま、のってみたいね

さがしてね

ユーフォーヌ

メカーヌ

ヒョロリーヌ

ペンコーヌ

雲の形のまどはどこ？
3つあるよ

星の形の植物を
3つ見つけよう

40 しんかいを ぼうけん！

★★★

ちんぼつ船をたんけんしよう！ みほん 1 ～ 5 が入るのは あ ～ お のどこかな？

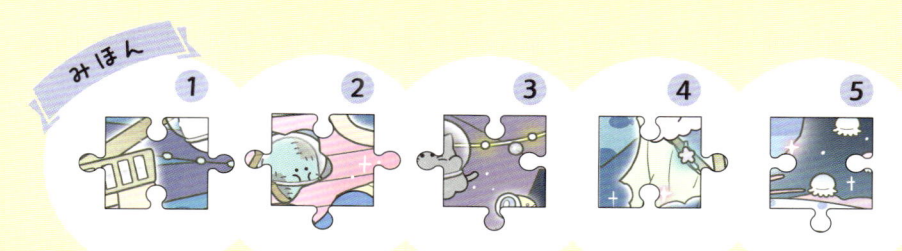

41 シルエット ちがうものさがし

★★★

みほん とちがうシルエットを 3つ さがしてね

みほん

オバケーヌ　トロリーヌ　ピヨコーヌ　アイスーヌ

42 ほんもの さがし

★★★

みほん と同じ絵をさがしてね

みほん

海であそぶオバケーヌたち

みほん のオウチーヌたちが
かがみにうつったすがたは
あ〜え のどれかな？

みほん

オウチーヌたち

44 ★★★ 多いもの 少ないものさがし

みほん のコの中でいちばん 多い のはだれ？　いちばん 少ない のはだれ？

スシーヌ

トラネコーヌ

オニギリーヌ

カメーヌ

リスーヌ

45 ★★★ いちめんの 雪げしき

冬の楽しみもりだくさん！ すべらないように気をつけて

46 ショッピングモール

★★★

どのお店もとってもすてき！ ほしいもの、見つかった？

さがしてね

ユニコーヌ　ピエローヌ

 クモーヌ

 フラワーヌ

 クリオーヌ

おまけ

 月の形のバッグを
見つけてね

 プリーヌの形の
プリンはどこ？

71

答え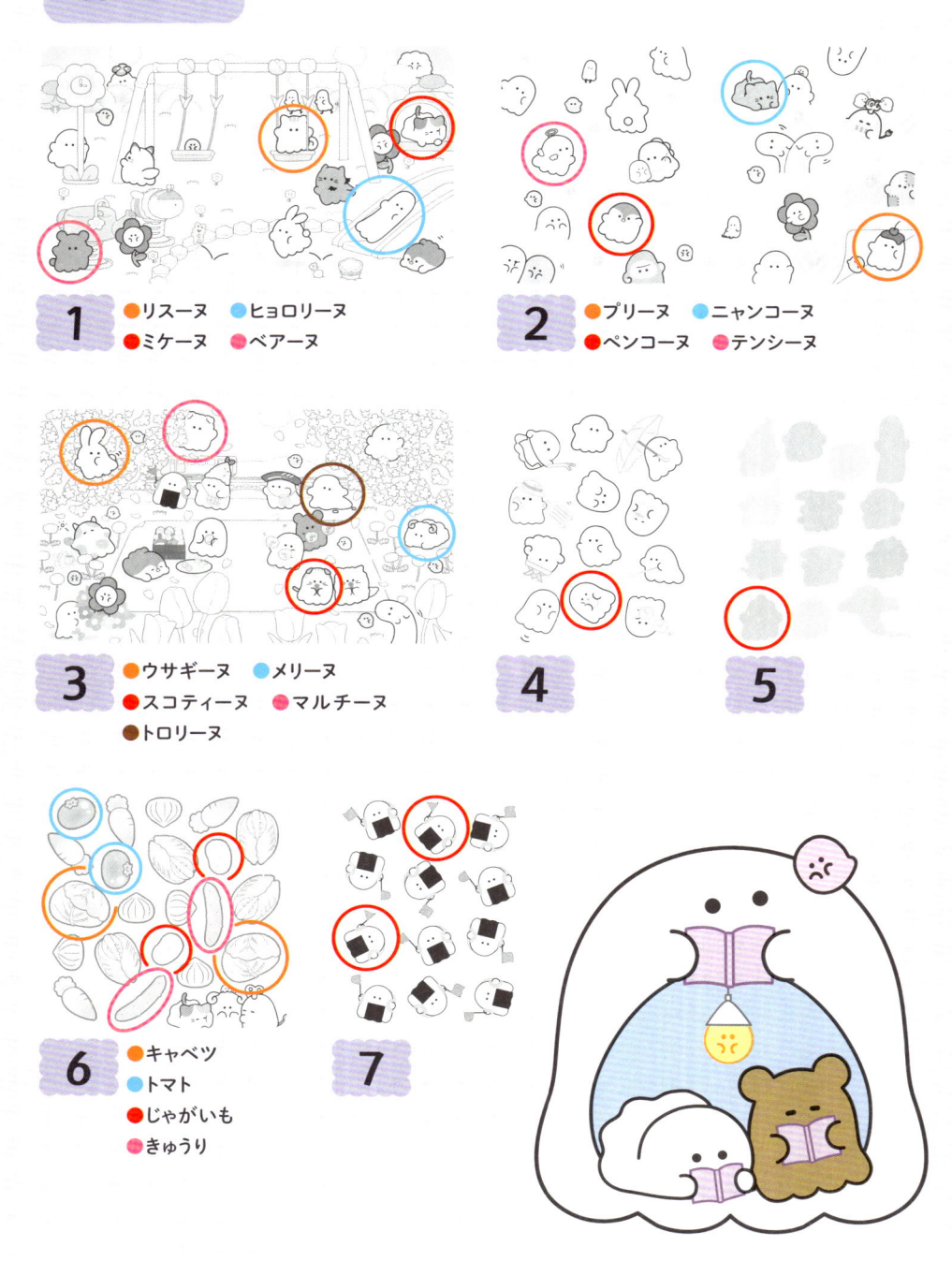

1
- 🟠 リスーヌ　　🔵 ヒョロリーヌ
- 🔴 ミケーヌ　　🩷 ベアーヌ

2
- 🟠 プリーヌ　　🔵 ニャンコーヌ
- 🔴 ペンコーヌ　　🩷 テンシーヌ

3
- 🟠 ウサギーヌ　　🔵 メリーヌ
- 🔴 スコティーヌ　　🩷 マルチーヌ
- 🟤 トロリーヌ

4

5

6
- 🟠 キャベツ
- 🔵 トマト
- 🔴 じゃがいも
- 🩷 きゅうり

7

72

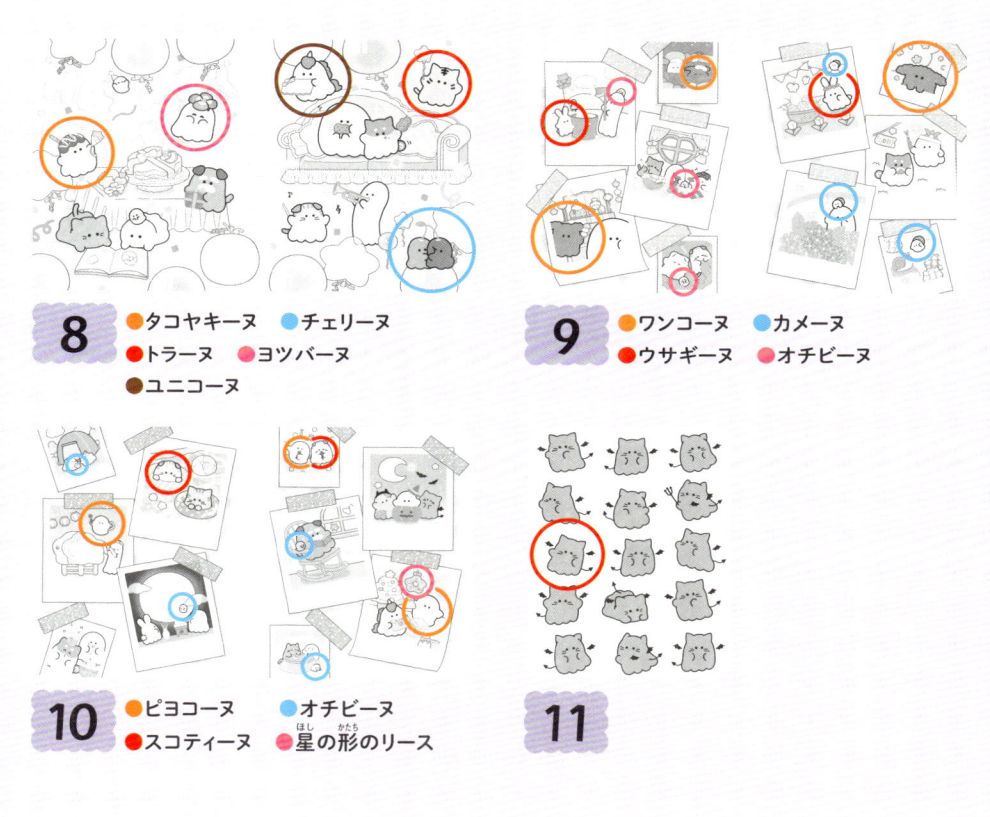

8 ● タコヤキーヌ ● チェリーヌ
● トラーヌ ● ヨツバーヌ
● ユニコーヌ

9 ● ワンコーヌ ● カメーヌ
● ウサギーヌ ● オチビーヌ

10 ● ピヨコーヌ ● オチビーヌ
● スコティーヌ ● 星の形のリース

11

12 ● ピヨコーヌ
● オデビーヌ
● アイスーヌ
● サメーヌ

13

14

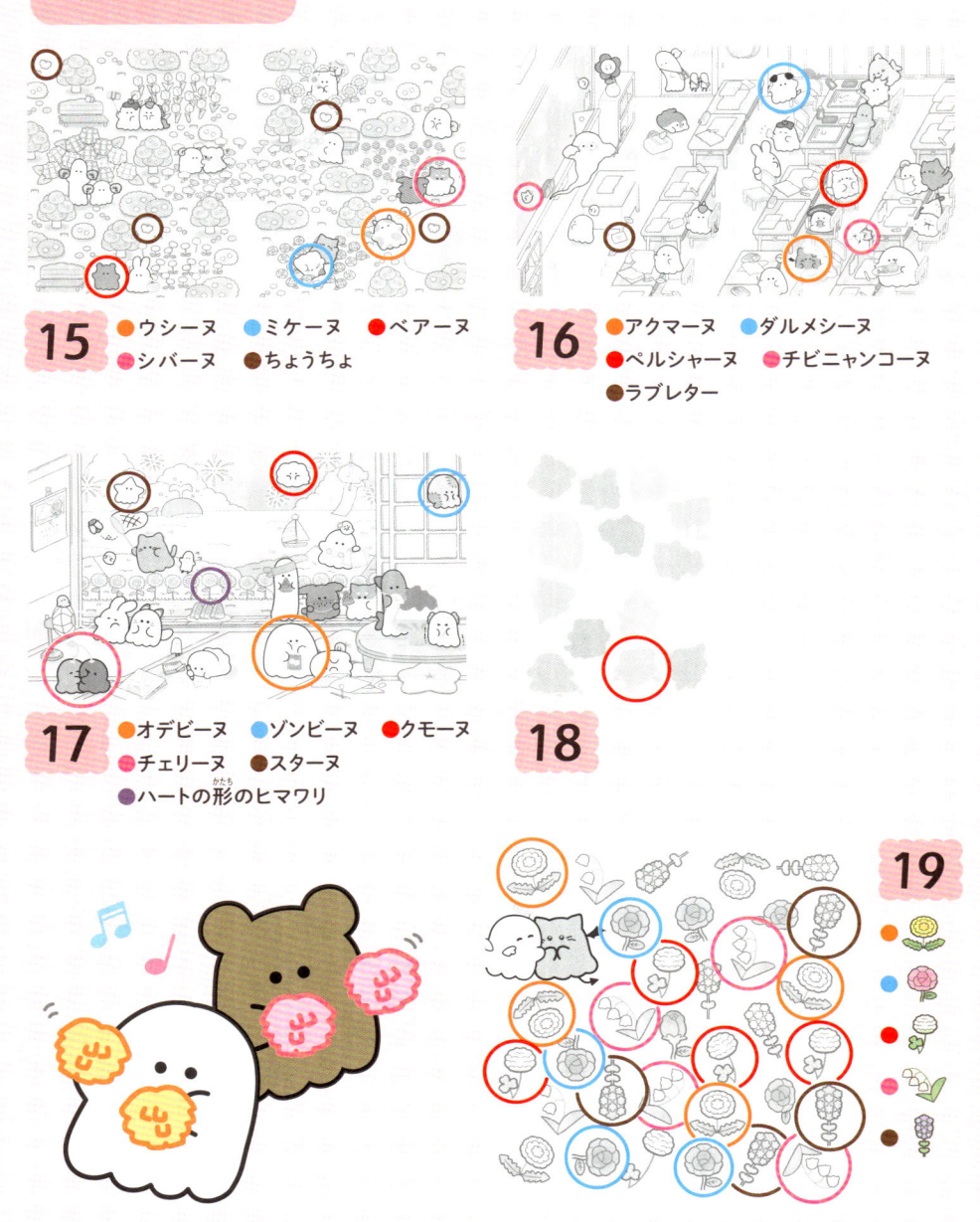

15 ●ウシーヌ ●ミケーヌ ●ベアーヌ
●シバーヌ ●ちょうちょ

16 ●アクマーヌ ●ダルメシーヌ
●ペルシャーヌ ●チビニャンコーヌ
●ラブレター

17 ●オデビーヌ ●ゾンビーヌ ●クモーヌ
●チェリーヌ ●スターヌ
●ハートの形のヒマワリ

18

19

20

❶おにぎりをもっている
❷せんすをもっている
❸ラケットをもっている
❹テニスボールを
　もっている
❺花たばをもっている

21

22

あ クモーヌ
い ショクパーヌ
う マカロンヌ
え メリーヌ

23

24
● コアラーヌ　● シバーヌ　● ゾンビーヌ
● テチーヌ　● オチビーヌ

25
● オニギリーヌ　● スシーヌ
● フェアリーヌ　● シュナウヌ
● ミケーヌのぬいぐるみを
　もったオチビーヌ
● 水色のふうせん

75

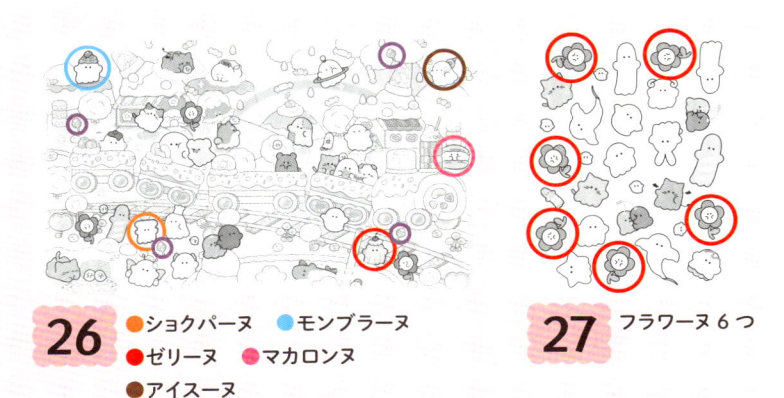

26
🟠 ショクパーヌ　🔵 モンブラーヌ
🔴 ゼリーヌ　🩷 マカロンヌ
🟤 アイスーヌ
🟣 いちごあじのキャンディ

27 フラワーヌ 6 つ

❶
❷
❸

28
❶ ニャンコーヌのポーズがちがう
❷ ぼうえんきょうがちがう
❸ オバケーヌのポーズがちがう

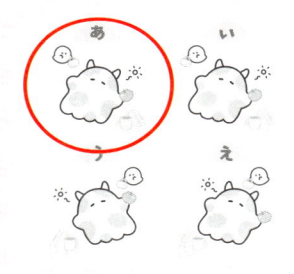

29

30

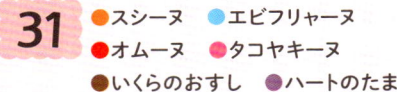

31
🟠 スシーヌ　🔵 エビフリャーヌ
🔴 オムーヌ　🩷 タコヤキーヌ
🟤 いくらのおすし　🟣 ハートのたまご

32
① は 🔵い　② は 🔴う　③ は 🟠あ

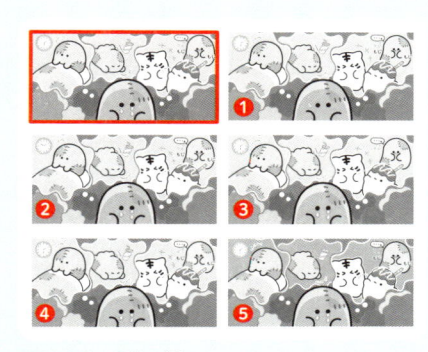

33
- 🟠 ニャンコーヌ
- 🔵 チビニャンコーヌ
- 🔴 シュナウヌ
- 🩷 クリオーヌ
- 🟤 ガオーヌ
- 🟣 ヘンな形のドングリ

34
1. 真ん中のゾンビーヌのなみだがない
2. 時計の時間がちがう
3. 右上のゾンビーヌの文字がない
4. のみものの色がちがう
5. うしろのもやもやの色がちがう

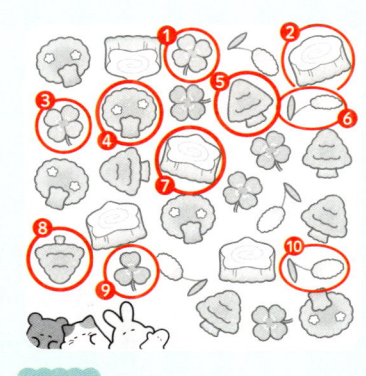

1. はっぱの色がちがう
2. 切りかぶの形がちがう
3. はっぱの色がちがう
4. 花のいちがちがう
5. 木の形がちがう
6. ほが細い
7. ねんりんのむきがちがう
8. みきの太さがちがう
9. よつばではなくみつば
10. ほとはっぱのむきがちがう

35   **36**

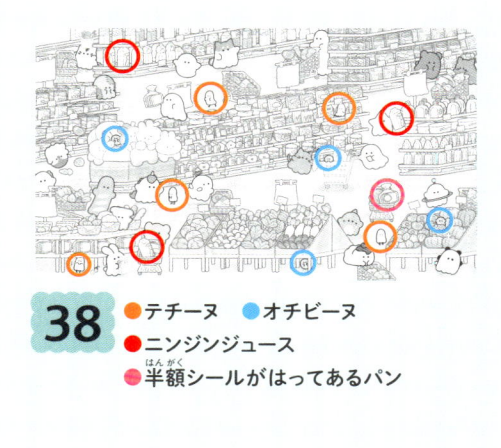

37

38 ● テチーヌ　● オチビーヌ
● ニンジンジュース
● 半額シールがはってあるパン

39 ● ユーフォーヌ　● メカーヌ
● ヒョロリーヌ　● ペンコーヌ
● 雲の形のまど　● 星の形の植物

40
① は え　② は い　③ は お
④ は あ　⑤ は う

41
❶ ラッコーヌ
❷ サメーヌ
❸ プリーヌ

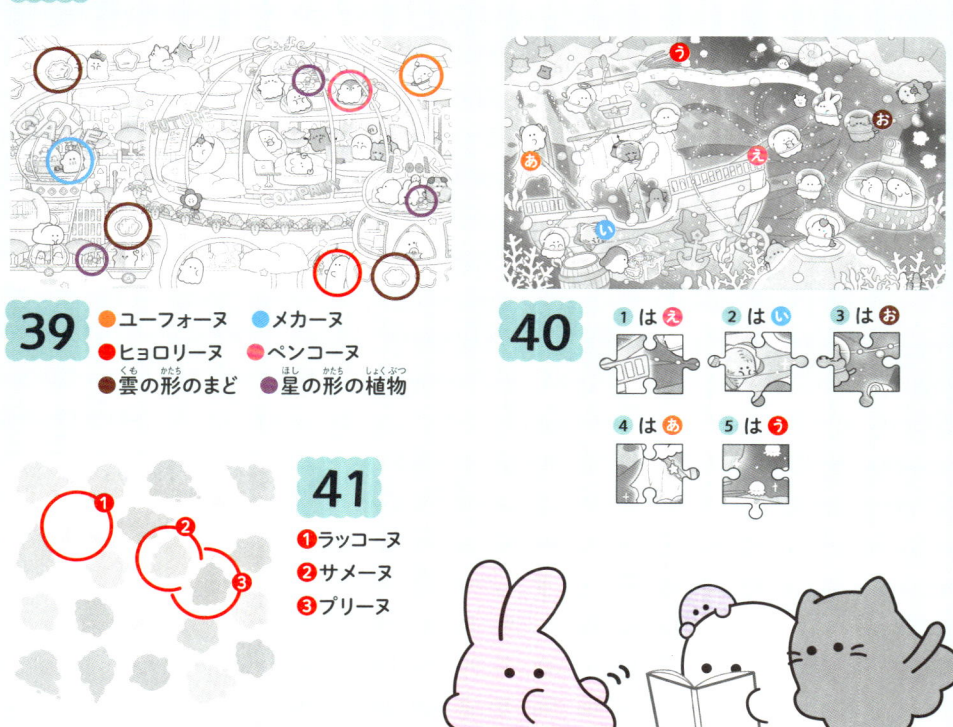

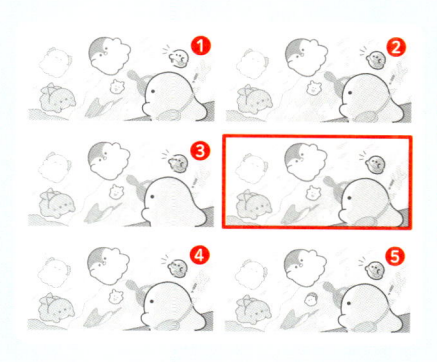

42

① オチビーヌの色がちがう
② エイの色がちがう
③ オバケーヌがバッグをもっていない
④ 魚の色がちがう
⑤ クリオーヌがカメーヌになっている

 43

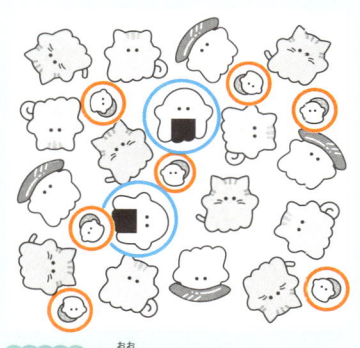

44
● 多いのはカメーヌ 7
● 少ないのはオニギリーヌ 2

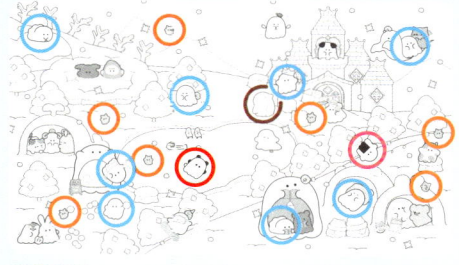

45
● チビニャンコーヌ　● オバケーヌ
● パンディーヌ　● オニギリーヌ
● ペンギンのちょうこく

46
● ユニコーヌ　● ピエローヌ
● クモーヌ　● フラワーヌ
● クリオーヌ　● 月の形のバッグ
● プリーヌの形のプリン

カバー・本文デザイン	岩田歩　浜田美緒(ohmae-d)
カバーイラスト	河原田瞳美(株式会社クラックス)
本文イラスト	河原田瞳美　進士瑞希(株式会社クラックス)
	ふじもとめぐみ
編集	木戸紀子(株式会社シーオーツー)
本文DTP	株式会社アド・クレール

オバケーヌ 公式ホームページ
https://crux.jp/obakenu/

どろどろ〜ん
オバケーヌのえさがしブック

2025年1月30日発行　第1版
2025年3月 5 日発行　第1版　第2刷

監修者	クラックス
発行者	若松和紀
発行所	株式会社 西東社
	〒113-0034　東京都文京区湯島2-3-13
	https://www.seitosha.co.jp/
	電話　03-5800-3120　(代)

※本書に記載のない内容のご質問や著者等の連絡先につきましては、お答えできかねます。

ISBN　978-4-7916-3386-9